CALL CENTER
EM SISTEMAS DE SAÚDE

Série Grupo de Estudos

Call Center

Em Sistemas de Saúde

Atendimento e Regulação

NAVEGAR EDITORA

ABRASPE
ASSOCIAÇÃO BRASILEIRA DAS AUTOGESTÕES EM SAÚDE PATROCINADAS PELAS EMPRESAS

Editor: *Rubenal Hermano Santos*

Comercial Editora Hermano & Bugelli Ltda.
Navegar Editora MF
Rua Belém, 93 - Belenzinho
Cep 03057-010 - São Paulo - SP
Fone: (011) 6096-8530
Fax: (011) 6695-8490
Internet: *www.navegareditora.com.br*
E-mail: *navegareditora@navegareditora.com.br*

FICHA TÉCNICA
Projeto Editorial
Rubenal Hermano Santos

Preparação de Texto
Angela Bugelli

Revisão de Texto
Equipe técnica Abraspe

Composição e Diagramação
Marcelo Silva Calixto

Capa
Rubenal Hermano Santos / Leonardo Hermano

ISBN: 85-87678-13-2

Impresso no Brasil 2002
Printed in Brasil

GRUPO AUTOR

Ismenia Corrêa Pires - Coordenação
Fundação Sabesp de Seguridade Social* - *Sabesprev

Denyse Maria Barone Spachi
Sebastião Variane
Caixa de Assistência dos Funcionários do Banco do Brasil - Cassi

COLABORAÇÃO
Claudia Barreira Zanatta - ***Metrus***
Morisa Trevisan - ***Geap***

AGRADECIMENTOS
Ilda Cordeiro - ***Fundação Cesp***
Sonia Georgina - ***Fundação Cesp***
Kelly Cristina Zeguini Magrino - ***Medservice***
Kimie Tsumura - ***SBC - Sociedade Beneficente***
Luiz Maria Ramos Filho - ***Hospital Albert Einstein***
Vilma Rassi - ***CRC - Consultoria e Administração em Saúde***
Wilson Lopes Siqueira - ***Economus***

SUMÁRIO

APRESENTAÇÃO

Chegamos ao momento de abrir o champagne e comemorar mais esta conquista. Ganham a Abraspe, os participantes do grupo de estudos, o sistema de saúde suplementar e todos as pessoas ligados ao setor.

Ficamos todos satisfeitos ao constatar que os profissionais que integraram a equipe de trabalho, não mediram esforços para que as buscas por informações e as discussões que ocorriam a cada novo encontro, alcançassem o alto nível técnico e profissional que podemos observar. Somente assim seria possível que, as várias faces do planejamento e da operacionalização de uma central de regulação e atendimento, pudessem ser amplamente analisadas e apresentadas de modo a refletir a realidade brasileira.

Na verdade, nosso grande objetivo inicial não era a publicação deste livro, mas sim fomentar e disseminar novos conhecimentos, procurando se possível, definir parâmetros e dar orientações que pudessem subsidiar as ações das operadoras interessadas em trocar experiências.

Algum tempo depois, percebemos que o conteúdo, que aos poucos ia tomando corpo, era rico demais para ser - egoistamente - conservado entre nós. Por este motivo, decidimos então transformá-lo neste material, para que todos possam aproveitar e aprimorar as sugestões aqui apresentadas.

Juntar pessoas com propósito de produzir novos conhecimentos e trocar experiências é uma idéia que há de perdurar. Assim, através da publicação de novos livros desta série que ora se inicia, entendemos estar contribuindo efetivamente para o aprimoramento do sistema de saúde brasileiro. Não apenas com palavras, mas com ações.

Agradecimentos especiais à Ismênia e à Denyse, pela brilhante condução dos trabalhos, a todos os participantes do grupo, às associadas que permitiram a participação ativa de seus representantes nessas reuniões, à diretoria da Abraspe por ter acreditado neste projeto, e à Silvia e demais funcionários da entidade, pela paciência na organização e na junção de todas as pessoas necessárias para que este livro chegasse às suas mãos.

Que Deus abençoe a todos.

Plínio Augusto Rehse Tomaz
Diretor Técnico-Científico da Abraspe

PREFÁCIO

O setor da saúde, tanto público quanto o privado, tem no desconhecimento do usuário quanto à utilização do sistema um dos principais fatores geradores de gastos desnecessários.

Cabe aos gestores a responsabilidade na educação do usuário, no desenvolvimento de programas de promoção a saúde e prevenção a doenças como forma de conter a evolução crescente de gastos que temos observado nos últimos anos.

A incorporação da tecnologia de "call center" como ferramenta de apoio aos planos de saúde é uma iniciativa que permitirá aos gestores responsáveis além de controlar a utilização de recursos através do direcionamento aos parceiros efetivos, educar sua população, conhecer o perfil das suas necessidades e a partir daí desenvolver programas voltados para as reais realidades tanto dos usuários quanto da própria operadora.

O desperdício de recursos tem assumido valores inacreditáveis, tendo atingido no ano de 1999, conforme pesquisa realizada pela Abraspe, o valor de 3,6 bilhões de reais ao ano.

Talvez seja essa informação a mais relevante para o convencimento de que algo precisa ser feito.

O investimento de recursos em processos que interajam com os usuários é sem dúvida nenhuma, a médio e longo prazo, a solução mais efetiva pois teremos condições de atuar na educação e na mudança de comportamento das pessoas.

Esperamos que esse trabalho possa ajudá-los na estruturação de uma solução adequada às necessidades da sua empresa.

Roberto Cury
Superintendente da ABRASPE

CONCEITO

Podemos definir Call Center como o local na empresa onde as chamadas telefônicas são recebidas e processadas, em grande quantidade, com objetivos ligados às funções de contato tais como vendas, marketing, serviço ao cliente, orientação, suporte técnico ou qualquer outra atividade administrativa especializada.

Uma definição antiga descrevia o Call Center como uma central de negócios por telefone, combinando um banco de dados centralizado com um sistema de distribuição automática de chamadas.

No entanto, essa definição vem se alterando à medida que as empresas percebem que a oferta de uma alto nível de serviços é a solução para atrair e manter clientes satisfeitos.

Atualmente, os Call Centers são considerados uma ferramenta competitiva que determina a própria sobrevivência do negócio, desencadeando esforços com o objetivo de melhorar a imagem da empresa.

Dentro dos Sistemas de Saúde, vêm assumindo maior importância enquanto diferencial no atendimento de usuários, como importante instrumento de informação, orientação e pesquisa, bem como têm comprovado a sua eficácia na regulação das demandas de serviços médicos.

Como podemos encontrar, dentro de um Call Center em Sistemas de Saúde, uma estrutura híbrida, de Atendimento e Regulação, estaremos a partir daqui considerando essa formação, embora possa haver empresas que somente se utilizam de Central de Atendimento ou de Central de Regulação.

CALL CENTER EM SISTEMAS DE SAÚDE

A evolução do Call Center

A relação das empresas com o mercado sofreu profundas mudanças nos últimos 30 anos e com elas trouxe a exigência de alterações na forma de relacionamento com os clientes.

Em 1970, tínhamos uma economia de massa onde produtos eram produzidos para o consumo de um número crescente de pessoas, sem nenhum diferencial de estratégia de colocação no mercado.

As "marcas famosas" de carros, sorvetes, chocolates e eletrodomésticos entre outros, gozavam de todo o prestígio e vendiam por si mesmas, sem nenhum ou com um mínimo esforço de marketing.

Já em 1980, percebeu-se que consumidores de produtos diferentes tinham exigências diferentes e passaram a atuar no mercado com estratégias também diferentes para cada um dos segmentos.

Existiam campanhas específicas para a venda de carros, de alimentos, de cosméticos, etc.

Surgiram então, no meio empresarial brasileiro, as primeiras ações de Telemarketing como forma de conquista de novos clientes.

As empresas se preocupavam nessa fase em atrelar a sua imagem à grandes eventos que de alguma forma pudessem ser relacionados ao seu segmento de atuação.

Assim, expressivos eventos esportivos e musicais passaram a ter importante investimento de mídia por parte das empresas.

Em maio de 1984, aconteceu em São Paulo, no Centro de Convenções Rebouças, com o apoio da Telebrás e da ESPM (Escola Superior de Propaganda e Marketing), com lotação esgotada (mais de 200 participantes), o primeiro seminário no Brasil sobre o tema TELEMARKETING.

Mas foi efetivamente no início de 1990 que o Telemarketing surgiu como instrumento poderoso na conquista de novos mercados uma vez que apresentava importantes benefícios quanto à redução de custos e ao aumento da produtividade, por permitir a interação imediata com o cliente, aumentando o volume de vendas e alterando profundamente para melhor a penetração e a imagem da empresa.

Estávamos na era da participação e do relacionamento, onde todos queriam ser ouvidos e mais do que tudo ver seus direitos respeitados.

Em 1995, foi criado o Código de defesa do Consumidor e as Centrais de Atendimento evoluiram rapidamente.

Atualmente sabemos que o atendimento telefônico estruturado (Call Center) não serve somente para vender, mas também para orientar, pesquisar e ouvir as sugestões do cliente e, com isso, produzir um diferencial a mais nos produtos favorecendo a sua melhor performance no mercado.

Surgiram, no final da década de 90, as primeiras estratégias de CRM (Custumer Relation Mannager - Gerenciamento de Relacionamento com os Clientes), onde um banco de dados que contém todas as informações a respeito dos clientes permite que as empresas realizem operações de vendas que cheguem cada vez mais próximas daquilo que o cliente deseja.

Em 2002, em pleno século 21, nos encontramos na era do INDIVÍDUO. Todos querem ser reconhecidos pela sua própria individualidade diante dos outros, buscando cada vez mais produtos e serviços que os reconheçam, não aceitando mais ser tratados como "mais um".

As empresas intensificam as ações de CRM aproximando-se cada vez mais dos clientes, fazendo com que se sintam diferenciados, na medida em que vêem os produtos e serviços indo ao encontro de suas necessidades e até mesmo, muitas vezes, superando suas expectativas.

Hoje já temos, principalmente no eixo São Paulo-Rio, um grande número de Call Centers empregando milhares de pessoas, que interagem com os clientes, não só através do telefone, mas também através do e-mail, do fax, da correspondência normal, do site e até mesmo, em alguns casos, através do "chat". Estamos na era do Contact Center.

É um mercado dinâmico que não para de crescer e que está cada vez mais presente dentro das empresas, não importando o seu segmento de atuação e a natureza dos serviços prestados.

Call Center em Sistemas de Saúde

A própria concepção das empresas de Sistemas de Saúde, enfatiza o atendimento diferenciado aos seus participantes como forma de qualificação dos serviços prestados e otimização das medidas preventivas e corretivas de utilização. Quanto mais próximos os participantes estiverem dessas empresas mais fácil será a realização do trabalho.

O Call Center em Sistemas de Saúde sempre será "agente catalisador" de necessidades de orientação específica para os participantes, podendo ainda agregar as atividades de Gerenciamento de Reclamações, Atualização Cadastral, Concessão de Autorizações para realização de eventos médicos, e outras.

Centro Irradiador de Ações e Informações

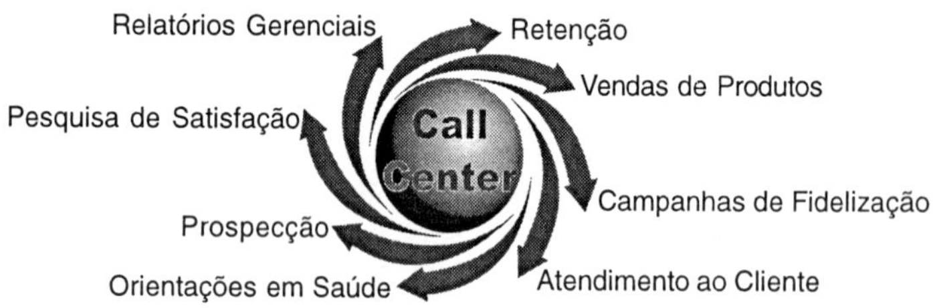

Dentro de sua atividade de centro irradiador de informações, desempenha importante papel na uniformização/padronização de procedimentos e condutas, possibilitando o gerenciamento da população assistida com conseqüente controle dos custos.

Aspectos do Call Center

Atualmente, e principalmente nos grandes centros, existe um contínuo crescimento do comportamento do consumidor em realizar compras, resolver problemas e buscar informações através do telefone.

Mesmo com o advento da Internet, o telefone sustenta o seu lugar na preferência das pessoas pela facilidade de acesso e operação "menos complicada". Isso sem contar a sua abrangência otimizada através do 0800 (ligação gratuita), disponibilizado para todo o território nacional.

Dentro de um Call Center, a utilização do telefone recebe tratamento especial para que possa funcionar como instrumento de qualificação do atendimento, exigindo interatividade com outros equipamentos principalmente de informática.

A capacidade telefônica deve ser dimensionada para suportar a demanda imediata, com uma margem de segurança, baseada num aumento previsível. O sistema de telefonia escolhido deve oferecer facilidade de operação e de interface com a base de dados e o software específico de atendimento. Este, por sua vez, deve ser de fácil operação e veloz, de modo a facilitar o diálogo do operador com o cliente.

Tudo que existe de mais moderno em infra-estrutura para centrais de atendimento já está disponível no Brasil. A oferta de equipamentos evolui de forma acelerada. Os similares nacionais atendem perfeitamente às necessidades do mercado a um custo, em geral, entre 25 e 30% inferior.

É importante ter em conta a existência de equipamentos modulares. Assim, é possível iniciar uma central com poucas posições de atendimento, ampliando-se posteriormente de forma gradativa, conforme a necessidade. As despesas com a montagem de uma estação de trabalho de boa performance giram em torno de US$ 3.000,00, incluindo desde o computador, software, móveis, instalações de ar condicionado, iluminação, isolamento acústico, telefonia, até treinamento.

É importante dizer que o mercado dispõe de equipamento para Call Centers de diferentes portes.

A mesma tecnologia está disponível para Call Centers de 4 a 1.000 posições, devendo portanto ser avaliada a sua relação custo benefício de acordo com o que for definido pela empresa.

São importantes também as atividades de atendimento, orientação, vendas e cobrança por telefone. Cada uma delas, pelas suas características, pressupõe formas de "relacionamento ao telefone" diferentes.

Por outro lado, dentro de cada uma dessas atividades, existe a necessidade de padronização de procedimentos, que garantam a mesma qualidade na prestação de serviços.

O mais importante de todos os aspectos é o fator humano. Um Call Center precisa contar em seu quadro com profissionais especializados, treinados e constantemente reciclados no que se refere à conhecimentos dos produtos e serviços e técnicas de atendimento.

Adiante estaremos tratando de maneira mais detalhada cada um desses aspectos cuja definição, integração e adequada operacionalização vão definir o sucesso do desempenho do Call Center em Saúde.

Tecnologia, Equipamento e Instalações Físicas

São inúmeras as opções encontradas no mercado e a escolha deve premiar, principalmente, a natureza das atividades que serão realizadas pelo Call Center.

São três os softwares básicos nessa área:

Front Office - sistemas que englobam telas de scripts de atendimento, informações sobre os produtos, cadastros e módulos de pedidos. Há pacotes prontos no mercado, mas podem ser desenvolvidos especificamente para a empresa solicitante.

É um software customizado de atendimento, que permite aos operadores acesso, através da tela do microcomputador, a todas informações sobre o participante, incluindo seu histórico de atendimento. Deverá ser planejado e desenvolvido, de acordo com as necessidades e natureza dos atendimentos, devendo sua concepção privilegiar a facilidade de operação e rapidez de acesso e resposta.

Softwares de qualidade - gerenciam a produtividade e qualidade da operação; podem fazer o planejamento dos turnos e turmas de trabalho de acordo com as características de cada operação.

Também conhecido como Gerenciador de Chamadas, capaz de avaliar quantitativamente o desempenho do Call

Center e de cada operador, o que vai permitir que se dimensione adequadamente o número de linhas e operadores que deverão estar disponíveis para garantir a manutenção da qualidade do atendimento em um determinado patamar.

Esse gerenciador de chamadas deverá estar apto a fornecer:

- Número de Chamadas Recebidas
- Número de Chamadas Atendidas
- Número de Chamadas Abandonadas
- Tempo de Espera (médio, mínimo e máximo)
- Tempo de Atendimento (médio, mínimo e máximo)
- Produção de cada Operador
- Horário de Pico
- Nº de ligações Ativas
- Nº de assuntos Tratados

Todos esses dados deverão ser fornecidos, considerando-se diferentes períodos de tempo (hora, diário, semanal, mensal, anual) sendo muito importante a possibilidade de verificação em tempo real.

Softwares de retaguarda - gravam e registram ligações nos aspectos voz, dados e telas, que posteriormente são utilizados para auditar a qualidade do atendimento, monitoramento e treinamento.

O **Gravador de Chamadas** permite a gravação de todas as chamadas ou daquelas selecionadas através de monitoração. É bastante utilizado em atendimentos onde se faz necessária a autorização de clientes e participantes para realização de eventos ou cobrança de participação e também em situações de treinamento, uma vez que o operador poderá acompanhar o próprio desempenho durante diferentes situações de atendimento.

A utilização do Gravador de Chamadas exige que, logo no início do atendimento, o participante seja avisado de que a sua chamada está sendo gravada.

Além do que, é necessário um aditivo ao Contrato de Trabalho dos operadores, dando ciência da gravação de suas chamadas telefônicas dentro do Call Center.

O **DAC** (Distribuidor Automático de Chamadas), permite uma distribuição eqüitativa das chamadas entre os operadores de forma a não sobrecarregar nenhum deles. A chamada que é recebida no Call Center é passada para o operador que está disponível há mais tempo, sem que haja qualquer interferência humana para atender essa chamada. Pode-se controlar o tempo de intervalo entre a saída de uma ligação e a entrada de outra para o mesmo operador.

Muitos Call Centers se utilizam ainda de **URA** (Unidade de Resposta Audível), capaz de realizar auto atendimentos totalmente através de meio eletrônico, havendo interferência do operador somente nos casos mais complexos, onde os recursos do auto atendimento sejam insuficientes para a resolução do problema.

A **Monitor de Chamadas** é o equipamento que permite à supervisão acompanhar o atendimento feito pelo operador em tempo real, podendo até mesmo interferir para melhor orientar a condução do atendimento.

É especialmente útil para avaliação e treinamento da equipe, permitindo identificar dificuldades ou facilidades de desempenho de cada um dos operadores.

Ambiente Físico

É fundamental considerar o conforto e a saúde dos profissionais que irão trabalhar no Call Center.

O ambiente deve ser adequado ao exercício de uma atividade que exige alto grau de concentração e gera estresse físico e emocional.

A sala de operação deve ser isolada de ruídos externos, clara, arejada, com espaço suficiente para cada operador, sem que o ruído de um interfira na atividade dos outros, com janela que proporcione visão do ambiente externo. O ambiente deve ser humanizado, respeitando os critérios previstos no Programa de Prevenção de Risco Ambiental e Norma Brasileira registrada no IMETRO, referentes a:

Luminosidade - o nível mínimo de iluminação a ser observado nos locais de trabalho é de 500 lux;

Ruído - o nível de ruído aceitável para efeito de conforto nos locais de trabalho onde são executadas atividades que exijam solicitação intelectual e atenção constantes, tais como salas de controle, escritórios, laboratórios, etc., o nível de ruído aceitável é de até 65 dB;

Temperatura - considera-se adequada a temperatura entre 20º e 23º C;

Umidade relativa do ar - igual ou superior a 40%;

Ergonomia - as posições de atendimento devem ser reguláveis, projetadas de modo a favorecer o conforto e a produtividade dos operadores, respeitando a NR-17 (Norma Regulamentadora do Ministério do Trabalho - "Ergonomia"), cujas principais disposições são:

- a área adequada por pessoa é de 6 m²;

- a separação mínima entre as pessoas deve variar de 120 a 240 cm;

- as vias principais de circulação no interior dos locais de trabalho, e as que conduzem à saída devem ter no mínimo 1,20 m de largura e ser devidamente demarcadas e mantidas permanentemente desobstruídas;

- os módulos devem contemplar, além da área física adequada, a presença de divisória com material apropriado para isolamento acústico;

- as mesas devem proporcionar ao operador condições de boa postura, visualização e operação, devendo ter características dimensionais que possibilitem posicionamento e movimentação adequadas dos segmentos corporais, altura e superfície de trabalho compatíveis com o tipo de atividade, com a distância requerida dos olhos ao campo de trabalho e com a altura do assento;

- a tela, o teclado e o suporte para documentos devem ser colocados de maneira que as distâncias "olho-tela, olho-teclado e olho-documento" sejam aproximadamente iguais;

- o teclado deve ser independente e ter mobilidade, permitindo ao operador ajustá-lo de acordo com as tarefas a serem executadas;

- os assentos devem ter altura ajustável à estatura do operador e à natureza da função exercida, borda frontal arredondada, encosto com forma levemente adaptada ao corpo para proteção na região lombar e pouca ou nenhuma conformação na base;

- é recomendável o uso de suporte para os pés, conforme o comprimento da perna do operador;

- telefones e outros objetos devem estar dentro da área de alcance máximo;

- os equipamentos utilizados no processamento eletrônico de dados com terminais de vídeo devem observar condições de mobilidade suficientes para permitir o ajuste da tela à iluminação do ambiente, protegendo-a contra reflexos, e proporcionar corretos ângulos de visibilidade ao operador;

- todos os equipamentos que compõem um posto de trabalho devem estar adequados às características psicofisiológicas dos operadores e à natureza do trabalho a ser executado.

Estrutura Organizacional

O dimensionamento da equipe de operadores e outros profissionais está subordinado à demanda e à abrangência do Call Center, e também às metas de produtividade que venham a ser estabelecidas.

O dimensionamento adequado de uma equipe é aquele em que o atendimento, nos horários de pico, ocorre sem correrias e atropelos, não se percebendo nos momentos de baixa da demanda, mão de obra ociosa.

Quando a estrutura incluir a atividade de Regulação, uma boa relação de número de médicos/número de operadores é da ordem de 1 para 10.

Habilidades e Funções

As funções precisam estar claramente definidas.

Operadores

Por se tratar de uma atividade rotineira, sujeita a permanente pressão e que ao mesmo tempo exige flexibilidade e habilidade no relacionamento com pessoas diferentes, o operador de Call Center precisa apresentar qualidades específicas em seu perfil.

Além disso os operadores de tele-atendimento têm grande responsabilidade na formação da imagem da empresa.

É desejável que o operador:

- tenha boa voz;
- tenha boa dicção;
- seja bom ouvinte;
- seja paciente;
- demonstre capacidade de se expressar com clareza e objetividade, transmitindo informações de forma correta e fidedigna;
- tenha uma postura discreta e ética;

• tenha capacidade de perceber características, valores e necessidades das pessoas, mostrando-se receptivo e agindo habilmente diante de fatos e situações;

• seja flexível.

São funções dos operadores:

- responder pelo atendimento aos clientes (usuários e prestadores de serviços);

- fornecer informações gerais sobre utilização dos serviços de saúde, conforme as rotinas e normas estabelecidas pela empresa;

- efetuar a regulação administrativa;

- acolher sugestões e reclamações dos clientes, encaminhando-as aos setores competentes;

- proceder à atualização cadastral;

- outras funções específicas, a critério de cada empresa.

Supervisor ou Monitor

A supervisão deve ser estreita. O supervisor/monitor deve estar sempre ao lado de sua equipe, incentivando-a, motivando-a e orientando-a.

São habilidades esperadas de um supervisor:

- capacidade de gerenciar, orientar e conduzir pessoas;
- capacidade de interagir com pessoas e grupos, mostrando-se acessível à troca de idéias, somando esforços num clima de interdependência e confiança mútua;
- capacidade de posicionar-se com segurança e serenidade diante de fatos e situações;
- capacidade de expressar-se com clareza e objetividade;
- capacidade de questionamento de si, dos outros, das situações e das idéias (criticidade);
- capacidade de envolvimento em ações que visem o desenvolvimento dos membros da equipe;
- capacidade de rever opiniões e reposicionar-se frente a argumentos convincentes (flexibilidade);
- dinamismo;
- iniciativa, agindo proativamente na busca de alternativas e soluções;
- capacidade de se manter interessado nas atividades a seu cargo, buscando auto-desenvolvimento constante e atualização nos assuntos ligados à sua área de atuação;
- capacidade de motivar os outros;
- tolerância à frustração;
- capacidade de perceber características, valores e necessidades das pessoas, mostrando-se receptivo e agindo habilmente diante de fatos e situações.

Estão a cargo do Supervisor funções como:

- responder pela gestão de sua equipe de trabalho;
- responder pelo desenvolvimento de planos de ação no âmbito de sua alçada, estabelecendo indicadores, metas e estratégias, inclusive de qualidade do desempenho, propondo

formas de trabalho e organização de serviços para melhoria do atendimento telefônico;

- responder pela capacitação e desenvolvimento permanente de sua equipe;
- responder pelo alcance dos objetivos, metas e resultados esperados de sua equipe;
- responder pela qualidade dos serviços executados pela sua equipe.

Médico Auditor ou Regulador

Este profissional irá compor o quadro de funcionários do Call Center, quando houver a Central de Regulação e quando o modelo de Regulação adotado for técnico, além de administrativo.

Deve haver perfeita integração da área médica com a área administrativa, de modo a evitar solução de continuidade nos atendimentos.

É recomendável que o profissional médico apresente as seguintes habilidades:

• boa percepção de características, valores e necessidades das pessoas, mostrando-se receptivo e agindo habilmente diante de situações de conflito;

• capacidade de expressar-se com clareza e objetividade, adotando posturas que facilitem vínculo com as pessoas;

• capacidade de agir com reserva, discrição e ética profissional, causando boa impressão e captando atenção, respeito e confiança;

• capacidade de posicionar-se com segurança e serenidade diante de fatos e situações;

• boa argumentação e capacidade de negociação;

• flexibilidade;

• dinamismo;

• capacidade de interagir com pessoas, mostrando-se acessível à troca de idéias, somando esforços num clima de interdependência e confiança mútua;

• visão realista de si mesmo, com adequada percepção de potencialidades e limitações de si e dos outros, com predisposição para valorizar os aspectos essenciais nas relações.

Dentro de uma Central de Regulação, as funções de um Médico Auditor são, entre outras:

- responder por orientações de natureza técnica;
- responder pelo encaminhamento aos recursos credenciados;
- responder pelo redirecionamento dos atendimentos, observada a relação custo-benefício (prestador com melhor grau de acolhimento e resolutividade, a custo justo);
- liberação de procedimentos;
- estreitamento dos laços de parceria com os prestadores.

Gerente

Além das habilidades elencadas para o supervisor, espera-se que o gerente saiba tomar decisões, demonstrando capacidade de selecionar alternativas e de implementar soluções para problemas identificados, avaliando suas conseqüências.

É recomendável que o gerente tenha conhecimentos nas áreas de gestão em saúde e gestão de recursos humanos.

Além de responder pelo Call Center como um todo, gerenciando recursos, harmonizando e integrando a ação das áreas administrativa e técnica, visando oferecer um atendimento pronto e resolutivo às demandas dos clientes, é recomendável que o gerente acompanhe o mercado de telemarketing na área de saúde, implementando ações de melhoria.

Gerenciamento

A gestão dos recursos humanos, materiais e tecnológicos de um Call Center é essencial para o seu bom funcionamento.

Vários são os indicadores que permitem proceder a uma avaliação contínua do trabalho desenvolvido, subsidiando a definição e implementação de medidas para o aprimoramento do produto final e concretização dos objetivos.

Alguns dos instrumentos de avaliação mais valiosos são:

1. Itens de verificação do Software de Gerenciamento das ligações DAC (Distribuidor Automático de Chamadas):

- Quantidade de ligações recebidas
- Índice de ligações atendidas
- Índice de ligações em espera
- Índice de ligações atendidas da espera
- Índice de abandono de ligações
- Tempo médio de espera
- Tempo médio de atendimento

2. Itens de verificação da área administrativa:
    - Custo do Call Center por ligação
    - Custo do Call Center por Posição de Atendimento
    - Custo da ligação por horário

3. Itens de verificação da motivação dos funcionários:
    - Índice de absenteísmo
    - Índice de rotatividade

4. Itens de verificação médica (onde haja Central de Regulação):
    - Índice de senhas liberadas pelos médicos
    - Índice de ligações atendidas pelos médicos
    - Índice de senhas liberadas adequadamente

5. Itens extraídos de estatística qualitativa:
    - Distribuição percentual das ligações por tipo de demanda (solicitação de senha, solicitação de informações/orientações, atualização cadastral, regularização de pagamento, reclamações, etc.)

Paralelamente a esses indicadores e dependendo dos recursos tecnológicos de cada Call Center, podem ser emitidos vários relatórios gerenciais, fornecendo dados como:

- Perfil Epidemiológico da população assistida;
- Usuários críticos, entendendo-se como tais aqueles usuários mais onerosos, seja em virtude de uma utilização acentuada do sistema, seja pela cronicidade do seu problema de saúde, demonstrada por internações sucessivas;
- Prestadores críticos, entendendo-se como tais, aqueles com índices elevados quanto às relações consulta/exames solicitados, internações/tempo de permanência, consulta/autogeração de procedimentos (ex.: todos os pacientes do ortopedista "Fulano" são encaminhados para tratamento fisioterápico em sua clínica), com repetitivas solicitações de liberação de procedimentos enquadrados em códigos excludentes, etc.;
- Relatório mensal de produtividade dos operadores, trazendo dados sobre a capacidade de cada funcionário de atender às demandas de trabalho solicitadas, conforme prazo, quantidade e qualidade previstas.

Para a gestão dos recursos humanos, sua relação com o trabalho e com os objetivos da empresa, o instrumento fundamental é a avaliação do desempenho, que mais do que um simples confronto entre resultados alcançados e metas previamente estabelecidas, deve privilegiar um acompanhamento contínuo e sistematizado, de modo a favorecer ações pró-ativas a partir da identificação de desvios de desempenho e das causas desses desvios.

Outra ferramenta importante é a pesquisa de satisfação, que avalia a opinião dos clientes em relação ao atendimento prestado.

O processo de avaliação deve ser contínuo. Os índices de produtividade e de satisfação devem ser verificados sistematicamente; os funcionários devem receber treinamentos constantes para reciclagem; os recursos tecnológicos, as instalações físicas também devem ser reavaliados. O aperfeiçoamento contínuo é indispensável.

Treinamento

A prática de treinamento contínuo em um Call Center, é fundamental para garantir a qualidade do atendimento e a melhoria dos serviços prestados.

A necessidade de treinamento é definida a partir da análise da informação, capacitação técnica, experiência e postura de cada funcionário em comparação à informação, capacitação técnica, experiência e postura esperadas para o desempenho das funções a seu cargo.

A equipe de atendimento é a linha de frente da empresa. É através dela que os novos clientes terão a primeira impressão e os clientes tradicionais criarão um elo emocional positivo ou negativo. Daí a necessidade de investimento em treinamento e motivação, de modo a manter um clima de entusiasmo e bom humor.

Na busca de aprimoramento do desempenho, devem ser promovidos treinamentos internos e externos.

Dentre os treinamentos internos, aconselhamos:

- Regulamento do Plano de Saúde;
- Introdução à Informática;
- Terminologia e Tecnologia em Saúde;
- Técnicas de Atendimento;
- Rotinas Operacionais.

Para treinamentos externos, sugerimos:

- Habilidades Interpessoais;
- Motivação e Liderança;
- Telemarketing para Saúde;
- Negociação
- Comunicação e Expressão;

Considerando o desgaste físico-emocional imposto pelo tipo de atividade dos operadores de tele-atendimento, é essencial o desenvolvimento de programas preventivos, dentre os quais destacamos o de ginástica laboral e o de saúde vocal e auditiva.

Quanto aos médicos, é fundamental a atualização constante em práticas de auditoria, através de cursos específicos e pesquisa junto ao mercado, verificando como o mesmo se comporta no tocante à regulação de sistemas.

O atendimento por telefone

O contato por telefone exige concentração, portanto é essencial que, antes de iniciar cada atendimento, o operador desligue-se do anterior ou de qualquer outra atividade que esteja executando, preparando-se para atender a um novo cliente, que deverá ser o foco da atenção.

O bom humor é fundamental e transparece na voz do operador. Uma conversa que começa bem tem muito mais chances de continuar bem e chegar a uma conclusão satisfatória.

A apresentação do operador e da empresa é importante, assim como a identificação do cliente. Saber com quem está falando dá mais segurança ao cliente.

No início do atendimento, o operador deve limitar-se a ouvir atentamente o cliente, deixando que ele exponha sua necessidade. Caso ele não consiga fazê-lo com clareza, o operador deve auxiliá-lo, fazendo perguntas objetivas e específicas, que favoreçam a colocação clara e precisa do problema.

Eventuais objeções dos clientes devem ser ouvidas atentamente pelo operador. Somente depois de ouvir com calma as críticas, manifestando dessa forma respeito ao direito do cliente de expor sua opinião, é que o operador irá encaminhar o assunto, buscando um acordo. O operador deve procurar entender o ponto de vista do cliente e colocar-se ao seu lado na busca de solução. O operador deve se preocupar em ganhar o cliente e não em ganhar do cliente.

No final do atendimento, convém fazer uma revisão final, de modo a evitar surpresas do tipo: "Não foi bem isso que eu entendi".

Em situação de conflito, é fundamental que o operador seja flexível, trate o cliente com seriedade, faça perguntas lógicas estimulando o cliente a raciocinar e responder de forma lógica, não assuma postura defensiva. O operador precisa entender que as críticas não são pessoais, mas dirigidas à organização.

Técnicas de atendimento

Os Fundamentos Profissionais

Fundamentos Profissionais são técnicas utilizadas para fazer um atendimento com qualidade, visando a um relacionamento a longo prazo entre cliente e central de atendimento.

Processo de Atendimento

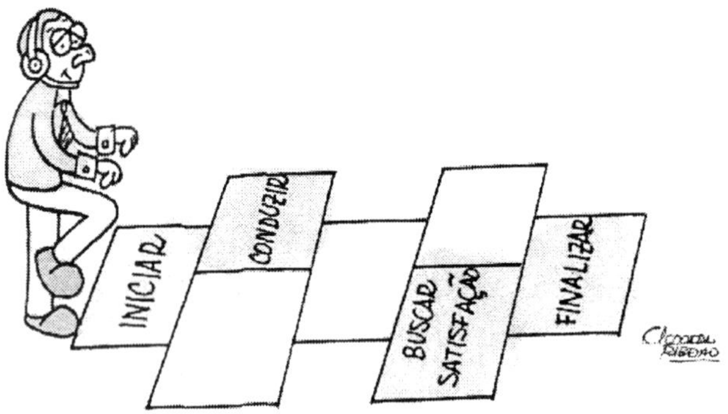

Técnica para iniciar o atendimento

- Organizar

Estar preparado com todos os materiais, equipamentos e sistemas necessários, deixando sobre a mesa de trabalho apenas objetos essenciais para que possa achar o que necessita prontamente.

Não localizar uma informação ou perdê-la durante a conversa com o cliente gera insegurança no operador, o que fatalmente irá contribuir negativamente para condução do atendimento.

- Recepcionar o cliente

O cliente que está sendo atendido é o mais importante para o operador naquele momento. Cada cliente tem uma necessidade, uma expectativa para ser atendida e superada. Todo problema apresentado deve ser encarado como uma oportunidade para o operador demonstrar seu profissionalismo e sua competência no trabalho.

Para recepcionar o cliente, o operador deve:

Demonstrar disposição - atender prontamente, colocando sorriso na voz ao identificar-se e identificar a empresa.

Estabelecer empatia - colocar-se no lugar do cliente, entendendo seu ponto de vista.

Ganhar a confiança - ouvir com atenção; demonstrar segurança, falando com firmeza e sem pressa.

Técnica para conduzir o atendimento

Envolver o cliente dentro do processo de comunicação, dividido em três etapas:

PERGUNTAR ⟶ OUVIR ⟶ INFORMAR

- Perguntar

É importante permitir que o cliente verbalize suas necessidades e expectativas. A competência do operador estará em formular perguntas inteligentes e pertinentes para facilitar o atendimento e mantê-lo dentro dos padrões de tempo pré-determinados, sem comprometer a qualidade. O operador pode lançar mão de perguntas objetivas/fechadas (direcionadas a um ponto específico e que impeçam divagações), úteis para controlar o diálogo, dirigindo a conversa para pontos relevantes, e obter resposta sucinta, e perguntas expansivas/abertas (Que? Como? Quem? Quando? Onde?), que levam o cliente a falar livremente sobre o assunto, úteis no início do atendimento ("Em que posso ajudá-lo?"), para o cliente acrescentar ou revelar informações ("Como o Sr. chegou a esta conclusão?"), para tranqüilizar o cliente ("Mais alguma dúvida?").

- **Ouvir**

Na atividade do telemarketing, apenas o sentido da audição está ativado. Ouvir requer cuidado especial; não devemos perder a atenção em nenhum momento, enquanto o interlocutor está falando. Há algumas regras básicas para bem ouvir: ouvir com interesse e atenção; concentrar-se; evitar ficar rabiscando ou distraindo-se com um objeto de qualquer natureza; não interromper o cliente; identificar a idéia central; evitar reagir às idéias das pessoas; dar sinais de atenção; procurar entender o que está sendo dito; evitar discutir verbalmente e mentalmente; reconhecer os sentimentos do cliente.

- **Informar**

Fornecer uma informação ao cliente é particularmente importante no atendimento, porque é dessa maneira que se complementa o processo de comunicação. A atividade do operador não se limita apenas a responder perguntas; ele deve apresentar soluções, ou seja, respostas específicas a um problema ou dificuldade que vem ao encontro da expectativa do cliente. Ao informar, o operador deve fazê-lo de forma clara e precisa, verificando o entendimento do cliente. Ao dar informações, recomenda-se ao operador que: não invente, não crie; evite falar demais; seja flexível.

Técnica para buscar a satisfação do cliente

Consiste em atender o cliente procurando corresponder às suas expectativas. Quando uma expectativa não é atendida, ou é apenas parcialmente atendida, gera no cliente um grau de insatisfação em relação à empresa.

Técnica para finalizar o atendimento

Revisar com o cliente os compromissos assumidos durante o atendimento e despedir-se, agradecendo a ligação.

Ao revisar os compromissos, o operador deve ater-se ao que realmente ficou acordado; não deve trazer à baila qualquer elemento novo.

Perguntas abertas devem ser evitadas. Elas demandam novas negociações e conversações, prolongando o atendimento desnecessariamente.

O Uso da Voz

É preciso ter consciência de que, ao telefone, o único recurso de que o operador dispõe é a voz. São inúteis os gestos ou qualquer outro recurso visual.

O telecomunicador usa o telefone para informar, persuadir e/ou provocar uma ação, conforme seu objetivo, mensagem e audiência. Usa para tal a conversação natural. Deve usar corretamente a línguagem, conhecer o funcionamento do aparelho fonador, comandado pelo sistema nervoso e controlado pelo sistema auditivo. Deve qualificar sua voz e a dos outros pela altura, timbre e intensidade, estando sempre empenhado em aperfeiçoá-la por exercícios e pela observação de outras pessoas e de si mesmo, atentando para:

Postura

Sentado, com os pés firmes no chão e não muito afastados um do outro. Tórax bem posto, ereto, ombros para trás, cabeça erguida, mandíbula relaxada, boca entreaberta.

Respiração

Combinação da respiração torácica e abdominal, controlada e uma boa coordenação entre a respiração e a voz ao telefone.

Altura da voz

Manter o tom médio fundamental para que possa fazer inflexões para o grave e o agudo sem danos à voz. Os tons mais baixos são os que melhor se transmitem pelo telefone e são mais agradáveis ao ouvido.

Timbre

Emitir os fonemas pelas cavidades adequadas (nasal e oral), respirando de forma coordenada.

Intensidade (volume)

Deve ser devidamente testada no telefone em uso para não soar gritada, estridente ou pouco audível.

Articulação

Procurar pronunciar corretamente todas as palavras, enfatizando as tônicas e não diminuindo a intensidade ao final das frases, dando total clareza à fala.

Ritmo (velocidade)

Mais lento que na conversação face a face, pois fala-se ao ouvido do outro e em geral é nesse ritmo que se fala ao dar informações ou tentar persuadir. Deve-se ter o cuidado, entretanto, de não manter sempre o mesmo ritmo, cansando o interlocutor.

Pausas

Usadas para descansar o aparelho respiratório, para dar tempo a quem está ouvindo de entender a mensagem, dar efeito de expectativa e indicar conclusão de uma oração.

Não convém usá-las logo após a uma sentença negativa. Nesse caso, deve-se seguir imediatamente com uma sentença positiva.

Preparo psicológico

Gostar de falar com as pessoas, poder ajudá-las com informações, serviços e produtos.

Medo

É afastado após iniciativa de conversação e quando se visualiza imaginariamente o interlocutor da maneira que é mais favorável.

Recursos de Voz

Alguns recursos interessantes podem ser imprimidos à voz, tornando a comunicação mais rica:

- Sorriso

Reflete-se na fala pela articulação, transmitindo, logo no início do atendimento, a sensação de que se é bem vindo, e, durante a conversação, simpatia e positividade.

- Confiança

Transmite-se com a pronta identificação própria e da empresa, colocando-se às ordens.

- Profissionalismo

Transmite-se pela entonação que revela respeito ao cliente.

- Credibilidade

Transmite-se evitando entonações contraditórias com o conteúdo da mensagem.

- Chamar a atenção

Pela técnica de baixar o volume de voz, forçando o interlocutor a se concentrar na fala.

- Naturalidade

Não se prendendo a um esquema mental ou script.

- Gestos orais

Usando a inflexão para o agudo, demonstrando boa vontade, e para tons mais graves, ao comunicar restrições ou impossibilidades.

- Interesse

Transformando as últimas frases em perguntas ou enunciando expressões de assentimento (sim, compreendo, etc.).

- Fluência Verbal

Falar claro com estilo natural, com explicações suficientemente detalhadas para serem precisas, sem serem longas ou cansativas.

- Vocabulário

Palavras bem aplicadas que economizam tempo do telecomunicador e do interlocutor.

Recursos Lingüísticos

- Palavras fortes que impressionam:

"Aprovado, bem sucedido, econômico, mais , o melhor, aceito e procurado."

- Adjetivos coloridos:

"Lucrativo, garantido, personalizado, útil, especial, eficiente."

- Frases no presente:

"Quero, desejo, posso, tenho, estou enviando, etc.."

- Termos pessoais que envolvam o cliente:

Conosco, seu, nosso, nós, faremos, etc..

- Palavras de confirmação:

Correto, perfeito, entendo, claro, exato, concordo, acredito, etc..

- Frases de empatia:

"Se eu estivesse no seu lugar ...";

"Entendo perfeitamente o que o Sr. quer dizer...";

"Lamento muito esse transtorno...".

- Palavras positivas:
"Ajudar, solucionar, resolver, ótimo, aumentar, elevar, incrementar, garantir, auxiliar, etc.."

Melhorando a forma de falar

Quando nos é feita uma pergunta pertinente ao nosso campo de atuação, devemos encontrar uma resposta.

Dentro dessa perspectiva, há cinco expressões consideradas PROIBIDAS no atendimento ao cliente:

"Não sei não..."

Quando não temos ou não sabemos a resposta correta, devemos substituir por:

"Preciso verificar esta informação, o Sr. pode aguardar um momento, por favor?"

"A informação não está disponível no sistema, porém vou verificar com a supervisão."

"Não posso fazer isto ..."

Substituir por:

"De acordo com os regulamentos da empresa, isto não é possível."

"Conforme o contrato, isto não é possível."

"O Sr. terá que ..."

Essa frase é um confronto: é muito impositiva. Convém substituir por outras formas que tornam a observação menos ameaçadora, levando ao mesmo objetivo:

"É preciso que ..."

"É necessário que ...".

"Não" (iniciando uma frase)

É a rejeição total, e ninguém gosta de se sentir rejeitado. O "Não" colocado logo no início da frase caracteriza o desinteresse e a má vontade. O cliente percebe a vontade de nos livrarmos logo do problema, o que o deixa profundamente irritado. No caso de o cliente solicitar algo que não pode ser atendido, convém dizer:

"Vou verificar a possibilidade de atender a sua solicitação, porém ..."

"Um momento, vou verificar a sua solicitação ... no seu caso, o que pode ser feito é ..."

"Só um minuto ..."

Essa frase é um hábito, não necessariamente ruim, apenas não verdadeiro. A sinceridade faz com que o atendimento seja mais produtivo para ambas as partes. Substituir por:

"Aguarde um momento por gentileza, vou verificar a solicitação."

Dessa forma o cliente sentirá que o operador fez um esforço extra.

Condições de trabalho e Saúde dos Operadores

Apesar de escassos os estudos sobre a saúde dos profissionais de telemarketing, sabe-se que as condições de trabalho desse contingente têm repercussões sobre a saúde, com prevalência de distúrbios osteomusculares relacionados ao trabalho e dos efeitos sobre a saúde mental e psicossocial.

Os operadores, em função da repetitividade de movimentos, de esforço de concentração e tensão mental, fatores esses agravados por eventual manutenção prolongada de postura inadequada levando à sobrecarga de determinados grupos musculares, manejo de instrumentos ergonomicamente inadequados, ausência de pausas, impossibilidade de interferência por parte do trabalhador no ritmo e maneira de executar o trabalho, são bastante suscetíveis a afecções acometendo tendões, nervos, ligamentos, de forma isolada ou concomitante, atingindo principalmente os membros superiores, região escapular e pescoço, resultando em dor, fadiga e declínio do desempenho profissional.

Os distúrbios osteomusculares de natureza ocupacional têm em sua gênese principalmente os movimentos repetitivos, porém, nem todos os que executam esses movimentos são acometidos. Existe uma grande variedade de graus de acometimento, os quais parecem estar ligados a: sexo (mais comum no sexo feminino), suscetibilidade individual, estresse. Outros fatores externos também podem estar intimamente associados ao surgimento da enfermidade, tais como: temperatura (mais comum em ambientes de trabalho mais frios), ergonomia e organização do trabalho (jornadas de trabalho prolongadas).

O diagnóstico dessas patologias é fundamentalmente clínico. Os exames subsidiários tem um caráter apenas complementar ao diagnóstico clínico.

Prevenção

A prevenção dessas doenças ocupacionais baseia-se na adoção de medidas relativas :

• Ao tempo de exposição (pausas, limitação do tempo de trabalho);

• Atividades de ginástica laboral ou conscientização corporal;

• A alterações no processo e organização do trabalho;

• À adequação de máquinas, mobiliários, dispositivos, equipamentos e ferramentas de trabalho às características dos trabalhadores;

• Ao clima organizacional.

Saúde Vocal

O cuidado com a saúde vocal, importante para qualquer pessoa, deve assumir papel relevante quando se aborda o profissional de telemarketing, para quem a voz é o principal instrumento de trabalho.

É importante estar atento aos fatores que interferem diretamente na laringe, órgão fundamental na fonação:

Fumo - hábito extremamente nocivo, pois agride as cordas vocais, podendo causar irritação, pigarro, tosse, aumento de secreção e infecções.

Álcool - a ingestão de álcool, especialmente os destilados (pinga, uísque, vodca), aparentemente dá a sensação de que a voz sai melhor. No entanto, o que ocorre é uma perda da sensibilidade, fazendo com que ocorra o abuso vocal.

Ar condicionado - a retirada da umidade do ar, provocada pelo ar condicionado, leva ao ressecamento do trato vocal, o que induz a uma produção vocal com esforço e tensão. Nos casos em que é inevitável o uso de ar condicionado, é extremamente importante a ingestão de muita água, na temperatura ambiente.

Hábitos vocais inadequados - os hábitos como pigarrear, tossir, "raspar a garganta" e realizar competição vocal são extremamente prejudiciais. A realização desses hábitos dá a sensação de que um corpo estranho foi removido, ocorrendo eventual melhora da voz. Porém, tudo isso pode levar ao aparecimento de alterações nas pregas vocais, devido ao constante atrito que provocam.

Há ainda fatores que atuam indiretamente na fonação, mas nem por isso menos importantes:

Alimentação - a ingestão de alimentos pesados e condimentados dificultam a digestão e a movimentação livre do músculo do diafragma, essencial para a respiração. Alimentos leves, verduras e frutas, quando bem mastigados relaxam a musculatura da mandíbula, melhorando a articulação e dando a sensação de leveza ao corpo. É aconselhável que as pessoas com predisposição para alterações vocais evitem chocolates, derivados do leite e bebidas gasosas antes de usarem a voz por um período prolongado. O consumo de balas e pastilhas com a finalidade de “melhorar” a voz acabam prejudicando, pois apenas mascaram a dor e induzem ao esforço e tensão vocal.

Vestuário - a utilização de roupas apertadas na região do pescoço e abdômen limitam a livre movimentação da laringe e do diafragma. O uso de sapatos de salto alto leva à tensão do diafragma e da musculatura vizinha à coluna vertebral, a fim de manter a verticalidade. Solas de borracha dificultam a descarga elétrica para o chão e aumentam a ansiedade do falante.

Alergias - os indivíduos com alergias nas vias respiratórias são mais suscetíveis a desenvolverem um problema de voz. Por isso é necessário seguir corretamente as orientações médicas na tentativa de evitar as crises, ou pelo menos reduzir a freqüência de ocorrências.

Hidroterapia - a ingestão de água (média de 2 litros ao dia) é extremamente importante, pois hidrata, diminuindo o atrito e reduzindo a possibilidade de irritação dos tecidos da laringe.

Além dos cuidados com a voz, é interessante desenvolver com os operadores de telemarketing um programa de saúde vocal, coordenado por um profissional de fonoaudiologia, objetivando sensibilizar os indivíduos quanto ao uso da voz, envolvendo também os aspectos de fala, linguagem e audição.

Monitoração

Instrumento importante para acompanhar o desempenho, detectar pontos fortes e fracos, visando ao contínuo desenvolvimento profissional do operador.

Os operadores são monitorados pelos supervisores, segundo cronograma e formulário específico. A cada monitoração, deverão ser ouvidas, no mínimo, 03 ligações por operador.

Ítens a serem observados

Técnicas de Atendimento:

- Abertura - o supervisor deverá observar se:

Na entrada da ligação: o operador atende prontamente a ligação recebida, sem conversas paralelas, sem pedir para aguardar um momento, antes de identificar o interlocutor.

Na saudação/identificação: o operador recebe a ligação e se identifica conforme a orientação da empresa. Exemplificando: "Central de Atendimento, Maria, Bom dia!"

- Sinergia com o cliente - observar se o operador:

- Está atento à explanação do interlocutor;
- Sabe ouvir;
- É neutro;
- Sabe lidar com conflitos.

- Tom de voz e vocabulário - observar:

• Dicção;

• Habilidade de traduzir a predisposição ao atendimento, trabalhar a entonação colocando o "sorriso na voz";

• Concordância nominal e verbal;

• Vícios de linguagem;

• Uso de gírias, jargões, termos técnicos, diminutivos.

- Cordialidade - observar se o operador atende o interlocutor com amabilidade e boas maneiras.

- Finalização - observar se:

• O operador conclui o atendimento demonstrando a certeza de que todo o possível foi feito, mesmo que a resposta não tenha sido satisfatória;

• O operador aguarda o interlocutor desligar.

Conhecimento do Produto

Observar, na performance do operador:

• Domínio dos normativos da empresa;

• Domínio técnico dos produtos da empresa (Exemplo: Plano Médico)

• Discernimento para utilizar todos os recursos disponíveis para a pesquisa;

• Capacidade de argumentação, buscando conciliar as normas da empresa com os interesses do interlocutor;

• Capacidade de identificação do problema, fazendo perguntas objetivas que auxiliem a explanação do interlocutor;

• Capacidade de passar a mensagem de forma precisa, adequando a linguagem de acordo com a realidade do interlocutor.

Código de Ética

A ABT - Associação Brasileira de Telemarketing elaborou um Código de Princípios de Conduta Ética para Telemarketing e atividades semelhantes, com o propósito de estabelecer princípios que garantam o respeito ao consumidor, à comunidade e às empresas em geral.

Respeitando o código de conduta ética, estaremos contribuindo para o sucesso do telemarketing.

Os princípios são:

Identifique-se.

Em toda ligação, o operador de telemarketing deve se identificar claramente e em nome de quem está sendo feito o contato e qual o objetivo.

Deixe tudo bem claro.

Deve ficar muito claro para o cliente o que está sendo oferecido e o compromisso envolvido na transação. Cada produto ou serviço tem sua qualidade e benefício próprio. Portanto, nunca deve ser usada qualquer informação que não traduza a realidade do produto ou serviço em questão.

Toda documentação envolvida na transação via Telemarketing deve trazer informações que permitam ao cliente contatar a empresa responsável para:

- Obter informações adicionais;
- Fazer reclamações.

Condições de Vendas

- Antes de fechar negócio, o operador deve esclarecer plenamente:
- O preço total do produto ou serviço;
- O prazo previsto para entrega ou início da vigência;
- As condições ou planos de pagamento;
- A existência de despesas extras.

Horários de Chamadas

Saber respeitar a privacidade das pessoas é importante e fundamental. O contato ativo só deve ser feito após as 08h00 e não deve ultrapassar as 21h30, exceto mediante pedido ou autorização. Cuidado especial deve ser tomado aos sábados (das 09h00 às 18h00). Aos domingos e feriados, não deve ser realizada qualquer forma de telemarketing ativo.

Uso de equipamento automático

Os equipamentos de discagem automática só poderão ser usados se liberarem, imediatamente, a linha quando o cliente desligar.

Toda mensagem gravada deve vir precedida da intervenção de um operador solicitando autorização para transmissão. É dispensada a intervenção do operador em mensagem gravada de utilidade pública (data de vacina, avisos diversos, etc.).

Gravação dos contatos

Em qualquer situação, a gravação de conversa telefônica só deve ser realizada com a ciência do interlocutor.

A gravação é autorizada nos casos de treinamento de operadores e para resguardar empresa e cliente de possíveis controvérsias, como no segmento financeiro.

Banco de dados

Sempre que solicitado, a empresa deve remover de sua lista o nome de pessoas que não desejem nela figurar.

Menores

Ao menor de idade é vedada qualquer venda por telemarketing, seja de produto ou serviço.

Fidelidade às Condições de Vendas

Todas as condições e vantagens oferecidas devem ser rigorosamente respeitadas, tais como: preços, validades, formas e condições de pagamentos, carências, prazos e garantias.

Legislação

Para a contratação de operadores de Call Center deverão ser observados os seguintes aspectos sobre a legislação específica:

Contrato de Experiência - Período máximo de contratação é de 90 dias, podendo ser :

- Dois períodos de 45 dias, ou
- Um de 60 e outro de 30. Após 90 dias já será configurado o vínculo empregatício.
- Contrato de Trabalho por Tempo Determinado - Período máximo de 2 anos.

Horário - 36 horas semanais de segunda a sábado, com jornadas de 6 horas de trabalho e intervalo de 15 minutos após 3 horas, para operadores. Para supervisores, gerentes e demais cargos administrativos a carga semanal poderá ser de 44 horas, sendo que, se a jornada for acima de 6 horas diárias, exigirá um intervalo de uma hora para refeição. Vale lembrar que quando houver médicos trabalhando na equipe a carga horária deste profissional é de 4 horas diárias.

Horas Extras - as primeiras duas horas terão acréscimo de 50%, as demais de 75%. Horas Extras habituais deverão integrar os cálculos de férias, 13° salário e DSRs (Descansos Semanal Remunerado) pela média.

Horário Noturno - (das 22 às 5Hs) acréscimo de 20% sobre a hora normal, sendo que cada hora noturna corresponde a 52 minutos e 30 segundos.

Piso Salarial - os operadores não poderão receber salário inferior ao piso da categoria.

Acidente de Trabalho ou Moléstia Profissional - estabilidade de 12 meses

Insalubridade - Portaria e legislação especial tratam das condições ambientais quanto ao nível de ruído, ventilação e iluminação.

O QUE É REGULAÇÃO

Buscando em dicionários o significado do termo regulação, encontramos a seguinte definição: ato ou efeito de regular(-se). Quando consideramos a atividade de REGULAÇÃO MÉDICA dentro de um CALL CENTER na área de Saúde, torna-se interessante mencionar algumas das definições existentes para o verbo REGULAR:

- Dirigir-se, guiar-se, orientar-se: "O homem deve regular-se pelo bom senso."

- Que é ou que age conforme as regras, as normas, as leis, as praxes.

- Sujeitar a regras; dirigir, regrar: "É necessário regular o comportamento das crianças."

- Estabelecer ordem, parcimônia: "Regular os gastos".

- Conter, moderar, reprimir: "O homem usa da inteligência regulando os impulsos."

Portanto, de forma abrangente, a regulação tem por finalidade articular demandas e necessidades de saúde com os recursos disponíveis, guiando-se pela normatização vigente, sem comprometimento da qualidade dos serviços médicos prestados, além de integrar e padronizar procedimentos.

Objetivos

A regulação visa, fundamentalmente, a:

- Identificar abusos e bloquear o desnecessário, racionalizando e otimizando a liberação dos procedimentos;
- Identificar prestadores parceiros e críticos, mapeando o perfil da rede credenciada;
- Gerenciar formas de atuação sobre os prestadores parceiros e críticos;
- Traçar perfil epidemiológico da população assistida (a partir dos diagnósticos geradores das internações, terapias complementares e procedimentos ambulatoriais);
- Otimização na utilização dos recursos;
- Educação do usuário;
- Resolver problemas críticos de atendimento médico: transferências de urgência, interpretação da Regulamentação dos Planos de Saúde, etc.;
- Identificar casos passíveis de gerenciamento da assistência à saúde (desospitalização para atenção domiciliar - Home Care, monitoramento, etc.).

FORMAS DE REGULAÇÃO

Regulação Administrativa

O processo de regulação inicia com os critérios administrativos, ou seja, assim que um cliente faz contato com a central, buscando a indicação de um recurso ou a autorização para a realização de um determinado procedimento (diagnóstico, clínico, cirúrgico, em regime ambulatorial ou de internação), ele passará por uma triagem administrativa.

A regulação administrativa é feita, portanto, com base nas normas específicas de cada plano de saúde, a partir das exigências estabelecidas para cada um dos critérios abaixo:

Elegibilidade - verificação quanto ao direito de utilização do plano, se o requerente do benefício é usuário devidamente inscrito ou não;

Carências - verificação da data de início de vigência do contrato de adesão ao plano, de modo a avaliar se foram cumpridos os períodos de carência estabelecidos para os serviços cobertos;

Auditoria do usuário - através do acompanhamento que ele faz do plano médico;

Coberturas - verificação da existência de cobertura para o serviços requerido;

Inadimplências - verificação quanto à inexistência de atraso nos pagamentos das mensalidades devidas;

Rede Credenciada - verificação quanto ao vínculo do prestador de serviços com a empresa (prestador credenciado ou integrante do quadro próprio da empresa);

Acomodação - verificação quanto à pertinência do tipo de acomodação pleiteado em relação ao coberto pelo plano.

Ao proceder à regulação administrativa, estaremos garantindo que só receberão cobertura as despesas que venham a ser contraídas com observância das seguintes condições:

- A partir da data do início da vigência do contrato de adesão;

- Com os serviços cobertos, mencionados em cláusula específica do referido contrato, respeitados os respectivos períodos de carência;

- Com prestadores de serviços próprios da empresa ou por ela credenciados;

- Por usuários em dia com seus pagamentos.

Feita a regulação administrativa, passa-se à regulação técnica, que dependendo do modelo de regulação adotado por cada empresa, pode ou não estar presente.

Regulação Técnica

Trata-se de atividade independente de avaliação da adequação de eficiência, economicidade e qualidade de serviços de saúde em conformidade com preceitos éticos e legais.

Podemos exercer a regulação técnica, levando em consideração os seguintes fatores de maior relevância:

Quanto ao público alvo (rede assistencial e usuários)

Atuação junto ao profissional solicitante

O processo de regulação inicia-se com o estabelecimento de critérios para a seleção de prestadores de serviços, com o objetivo de garantir a qualificação de recursos. Além da avaliação da qualificação formal (curriculum vitae), deve-se levar em consideração o acolhimento, disponibilidade de atendimento e sentimento de parceria a ser estabelecido com a empresa administradora do convênio.

Para atuarmos diretamente junto ao profissional solicitante do procedimento, faz-se necessário desenvolvermos um sistema de indicadores assistenciais, dentre os quais destacamos:

- Número de consultas realizadas em um determinado período;

- Número de exames complementares por cliente/ano;

- Número de internações por cliente/ano;

- Número de internações clínicas por cliente/ano;

- Número de internações cirúrgicas por cliente/ano;

- Custo médio das internações;

- Quantificação de procedimentos clínicos ou cirúrgicos ambulatoriais por cliente/ano;

- Número de exames complementares autorizados X nº total solicitado;

É necessário também estabelecer um canal de comunicação com o prestador, estreitando relações de parceria, notificando sempre o motivo de eventuais glosas, facilitando o diálogo e o bom entendimento, evitando-se, dessa forma, reincidência de solicitações indevidas.

Atuação junto ao prestador final

A regulação também se inicia com o credenciamento de hospitais, clínicas e laboratórios, através da seleção criteriosa desses prestadores, onde será imprescindível a visão estratégica e boa capacidade de negociação na hora de estabelecer melhores condições de atendimento aos usuários e custos compatíveis com o esperado pela empresa.

Após o estabelecimento do convênio, é essencial o acompanhamento constante, baseado no sistema de avaliação dos indicadores assistenciais e gerenciais, onde se destacam:

- Custo médio das internações;

- Tempo médio de permanência;

- Relação de materiais e medicamentos cobrados;

- Geração de exames complementares (procedimentos autogerados);

- Resolutividade (relação custo/benefício, acolhimento e qualidade dos serviços prestados).

Atuação junto aos usuários

É imprescindível conhecer o perfil epidemiológico da população assistida para atuarmos também na promoção da saúde e prevenção da doença. A correta orientação do usuário para os diferentes níveis de atenção à saúde (primário, secundário, terciário, quaternário) certamente evitará custos desnecessários e otimizará os procedimentos, sem prejuízo da assistência prestada ao paciente.

O conhecimento da população coberta e da pirâmide de utilização de recursos de saúde facilitará o desenvolvimento de ações estratégicas no contexto de regulação técnica.

Vejamos o quadro a seguir que corresponde ao que predomina em todos os estudos realizados junto a empresas de plano de saúde.

Trata-se de um indicador de qualidade, onde o conhecimento da população definida subsidia informações necessárias para a adoção de estratégias para diminuição de super utilização de procedimentos médico-hospitalares.

Na pirâmide a seguir, percebe-se que, com 1% da população assistida, gastam-se 35% dos recursos financeiros referentes à receita básica; com 4% dessa mesma população, gastam-se 30% e o restante 35% é consumido por 95% da população.

PIRÂMIDE DE UTILIZAÇÃO DE RECURSOS MÉDICOS E PLANEJAMENTO DE ESTRATÉGIAS

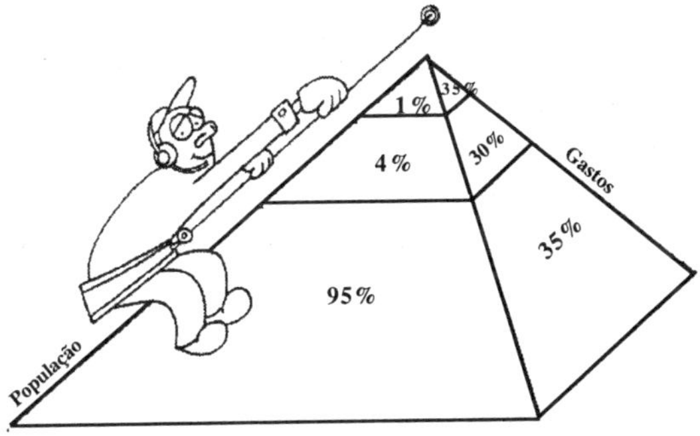

Assim, os atos de gestão sobre a atenção curativa, como alternativas à hospitalização, devem incindir principalmente sobre a parcela da população que consome, proporcionalmente, um grande percentual da receita. Já com o restante da população, a atenção à saúde deve enfatizar ações de prevenção e promoção.

A partir do conhecimento do perfil da população assistida e levando-se em conta a escalada de custos crescentes, competitividade de mercado, legislação vigente (Lei 9656/98 e aditivos), faz-se necessário desenvolver estratégias para o gerenciamento da assistência à saúde, dentre as quais podemos citar:

- Ações de promoção da saúde e prevenção da doença;
- Criação de sistemas de atendimento próprios da empresa (Porta de Entrada) com adequação de recursos para cada patologia apresentada;
- Criação do atendimento domiciliar;
- Day Clinic;
- Referenciamento da rede de prestadores;
- Práticas de redirecionamento para prestadores mais resolutivos;

- Incremento nas ações de parceria com os prestadores;
- Criação de protocolos e negociação por pacotes;
- Orientação ao usuário;
- Promoção de ações esclarecedoras das normas de regulação, objetivando a parceria do usuário e estimulando a correta utilização dos recursos;
- Estabelecer controles de autorização prévia para determinados procedimentos em saúde;
- Estabelecer Medicina de Família (médico em vínculo com paciente e família);
- Campanhas de fidelização;
- Pesquisas de satisfação;
- Comunicação dos usuários quanto a normas de atendimento e cobrança;

Quanto ao tempo da regulação

Na data do evento, em momento imediatamente anterior à sua realização

- Instituir sistema para autorização prévia de procedimentos autogerados com foco nos prestadores iniciais, geradores dos serviços;
- Autorizações prévias para internações hospitalares de urgência;
- Desenvolver auditorias externas dirigidas para eventos duvidosos e/ou polêmicos e para permanências prolongadas de internações, medicamentos de alto custo, etc.

Com antecedência em relação à data e horário do evento

- Instituir sistemas de autorização prévia para internações, day clinic, exames e terapias complementares eletivos;

- Perícia prévia para casos polêmicos ou duvidosos em relação à cobertura contratual;

- Redirecionar e evitar atendimento eletivo em ambulatório hospitalar.

Quanto aos procedimentos

- Desistimular o atendimento ambulatorial em hospitais, evitando a realização de exames autogerados desnecessários ao evento e o atendimento por diversos profissionais sem vínculo com o usuário e estimular o atendimento em consultórios por médicos de confiança do usuário, que possam fazer um acompanhamento do estado de saúde geral do seu paciente;

- Análise técnica com autorização prévia quanto à pertinência da internação, periodicidade, tempo de permanência hospitalar;

- Solicitação de justificativa técnica para procedimentos e/ou medicamentos de alto custo;

- Avaliar a periodicidade das consultas;

- Necessidade de avaliação técnica da adequação do código solicitado com o procedimento realizado.

CONSIDERAÇÕES FINAIS

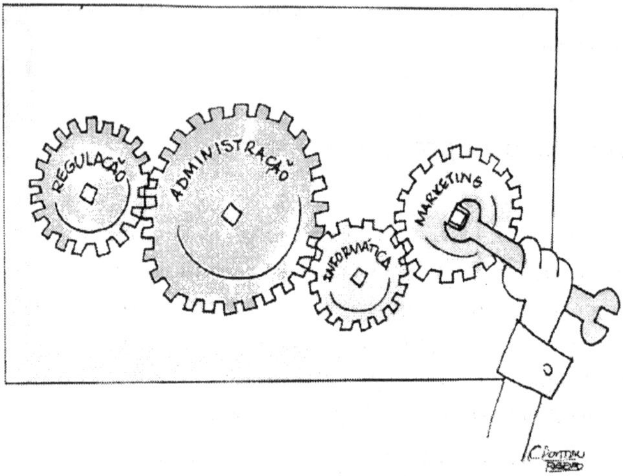

Uma Central de Regulação não pode trabalhar isolada. Deve estar em perfeita sintonia com todas as áreas da empresa, compartilhando dos mesmos objetivos.

A integração é fundamental para a padronização de procedimentos e unicidade de linguagem, essenciais à conquista e preservação do esperado padrão de qualidade dos serviços oferecidos.

"Nenhum país, rico ou pobre, pode se dar ao luxo de manter um sistema de acesso livre a serviços de saúde".

(Justin Allen)

GLOSSÁRIO GERAL

Agente de Atendimento: - Também conhecido como Operador de Atendimento ou Telemarketing, ou ainda simplesmente Atendente.

Back-Office:- Retaguarda de operação de atendimento.

Call Blanding:- (Combinação de Chamada)- processo que consiste na combinação de atendimento (receptivo) e realização de chamada (ativo), por um mesmo grupo de operador. O próprio equipamento é capaz de identificar quando as ligações recebidas param e automaticamente começam a realizar ligações para números de telefones, que estão cadastradas em um banco de dados.

Contact Center:- Termo em inglês para centro ou central de contatos. Estruturas preparadas para oferecer atendimento por diversos meios de comunicação como telefone, fax e email.

CRM:- sigla para Customer Relation Management (Gestão de Relacionamento com Clientes). Conceito que prevê a integração de todas às áreas de uma empresa, em particular o Call Center para administrar os contatos com os clientes.

CTI:- sigla em inglês para Computer &Telephony Integration (Integração Computador Telefonia). Conexão entre o computador (uma única estação de trabalho ou uma rede local) com uma central telefônica que se utiliza de recursos específicos para deslocar chamadas de acordo com parâmetros estabelecidos e que objetivam agilizar o contato com o Call Center.

Discador Automático:- define de maneira genérica uma série de tecnologias de discagem automatizadas. São capazes de lidar com milhares de números e de realizar centenas de chamadas simultaneamente sem interrupções.

DAC: - Discador Automático de Chamadas . sistema que atende chamadas automaticamente, ordenando-as em fila de espera conforme parâmetros estabelecidos.

Erlang: - Medida de tráfego telefônico. Um erlang eqüivale a 1 hora completa, ou 3.600 segundos de conversação telefônica. As fórmulas erlangs são usadas para dimensionar a equipe e o número de troncos necessários em um Call Center.

Fila de Espera: - agrupamento de contatos telefônicos feitos ao Call Center em ordem de chegada. Geralmente, os chamadores escutam mensagens gravadas enquanto esperam o atendimento.

Front – End: - Sistema informatizado de atendimento que permite que o operador tenha na tela do micro de sua estação de trabalho todas as informações necessárias (cadastro, histórico dos atendimentos anteriores) para o atendimento do cliente que está atendendo.

Gerenciador Automático de Chamadas: - termo usado para o software que permite a avaliação em tempo real do desempenho quantitativo do Call Center, fornecendo informações de número de chamadas recebidas e realizadas, atendidas, perdidas, duração, operadores em atividade, operadores ausentes, desempenho de cada um, etc. É capaz de gerar inúmeros relatórios sobre a performance do Call Center de acordo com parâmetro definidos.

Help – Desck: - Área dentro da empresa, muitas vezes parte integrante do Call Center, que da suporte as soluções e esclarecimentos de dúvidas sobre os produtos dessa empresa.

HMM: - Horário de Maior Movimento – Período de 60 minutos consecutivos no qual a soma dos volumes de tráfego de chamada é máxima. A HMM é obtida escolhendo-se o conjunto de 4 períodos de 15 minutos de cada hora, nos quais a soma dos volumes de tráfego correspondente é a máxima.

ID (ou ANI): - Sigla em inglês para Identificação do Chamador – através de software específico é possível identificar os números de quem está ligando, desde que esse número esteja relacionado em um banco de dados, que levará automaticamente para a tela do operador as informações sobre o cliente que está ligando.

Logon/Logoof: - (Conexão/Desconexão) do Operador – recurso que alerta o sistema DAC sobre a disponibilidade de um operador. Em alguns, o Operador só precisa apertar um tecla para se conectar e se desconectar. Em outros o procedimento depende de digitação de um código.

Monitoramento: - um dos principais métodos de avaliação e acompanhamento do pessoal em ambientes de Call Center. A supervisão ouve as ligações atendidas pelos operadores, sem que eles ou os clientes percebam a interferência. Objetiva principalmente avaliar o desempenho da equipe quanto às técnicas de atendimento e vendas, além de ser útil no acompanhamento de atendimentos complexos e críticos.

Número Médio de Posições Necessárias: - Quantidade média de operadores necessárias para que um Call Center possa prestar um serviço de qualidade.

PA: - Sigla para Posição de Atendimento, estação de trabalho ocupada por um Operador de atendimento dentro do Call Center.

Power Dialing: - discagem prévia - é o termo usado para a descrição de um sistema de discagem automática, sem interferência do Operador.

Programação (Schedulling): - é definição do esquema dos horários de trabalho dos operadores de um Call Center. É extremamente necessário em quando a carga de trabalho é de 24, não havendo interrupções de finais de semana e feriados.

Sript: - em telemarketing, o texto que orienta o discurso do Operador. O script pode trazer todas as palavras que o Operador tem que dizer (script fechado) ou simplesmente uma linha geral destacando os pontos mais importantes (script aberto).

SAC: - Serviço de atendimento ao Consumidor- estrutura de atendimento aos cleientes, muitas vezes baseada em um Call Center. Tem como objetivo registrar eventuais problemas com produtos e serviços encaminhando soluções.

TMA (Tempo Médio de Atendimento):- soma de todos tempo gasto em atendimento dividido pelo número de horas de funcionamento do atendimento.

URA (Unidade de Resposta Audível):- Sistema pelo qual o cliente recebe informações por meio de uma voz gravada (e digitalizada). A mais clássica aplicação é a disponibilização por telefone, fax, emails e outras mídias, de informações cadastradas em um banco de dados (como extratos de banco).

GLOSSARIO DE TERMOS TÉCNICOS

Day-Clinic Hospital dia; prevê internações de no máximo 12 hs. para a realização de procedimentos menos complexos, de pequeno porte e com prognóstico de alta resolutividade.

Acreditação dar crédito; após análise do corpo clínico, equipamentos, instalações, e relação custo X benefícios e outros recursos necessários, a empresa de Plano de Saúde, credencia (autoriza) que aquele determinado hospital atenda os seus beneficiários com qualificação exigida para tratamentos específicos.

Home Care Atenção domiciliar; são cuidados realizados dentro da própria residência do paciente, por equipe interdisciplinar (médicos, enfermeiras, psicologos, fisioterapeutas, assistentes sociais), fora do ambiente hospitalar preservando a qualidade do atendimento prestado ao paciente.

Perfil Epidemiológico conhecimento das condições de saúde da população assistida.

Atenção Nível Primário atendimento predominantemente ambulatorial Ex:- consultórios médicos.

Atenção Nível Secundário atenção ambulatorial + internações Ex.- Hospital Geral de pequeno porte.

Atenção Nível Terciário Atenção ambulatorial e internação em todas as especialidades e sub-especialidades Ex: Santas Casas

Atenção Nível Quaternário atenção aos casos de extrema sofisticação e super especialização Ex: Hospitais de 1ª linha.

Procedimentos AutoGerados exames ou procedimentos realizados pelo próprio médico solicitante, ou na própria clínica/ hospital em que o profissional atua.

Protocolo Médico são rotinas previamente consensadas para realização de tratamentos específicos com respaldo técnico científico.

Referenciamento é a identificação de profissionais já credenciados que se destacam pela maior relação de parceria e comprometimento com o modelo de atenção à saúde adotado pela empresa.